Heinz Pahl
Da ist Hoffnung – Jesus Christus lebt

*Für Franziska
und die Kinder*

Heinz Pahl

Da ist Hoffnung

-

Jesus Christus lebt

Herstellung und Verlag:
Books on Demand GmbH, Norderstedt

Bibliographische Information der Deutschen Nationalbibliothek
Die Deutsche Nationalbibliothek verzeichnet diese Publikation in der Deutschen Nationalbibliographie; detaillierte bibliographische Daten sind im Internet über http://dnb.d-nb.de abrufbar.

Neuauflage

© by Heinz Pahl, November 2016

Coverbild: Gudrun Freytag

Herstellung und Verlag:
BoD - Books on Demand, Norderstedt

Die biblischen Darstellungen stammen von dem französischen Graphiker, Maler und Bildhauer Gustave Doré (1832-1883).
Sie sind dem Buch
„Gustave Doré: DIE HEILIGE SCHRIFT"
(Ebeling Verlag, Wiesbaden, 1977) entnommen.
Die Bibeltexte sind der Übersetzung
„Hoffnung für alle"
(Brunnen Verlag Basel 1996) entnommen.

ISBN 9-783743-112988

Inhalt:

1. Weihnachten — S. 9
2. Karfreitag — S. 23
3. Ostern — S. 41
4. Himmelfahrt — S. 52
5. Pfingsten — S. 62
6. Gebet des suchenden Menschen — S. 68
7. Gott der Allmächtige — S. 69
8. Jesus lebt nicht im Hass — S. 70
9. Mein Herr und mein Gott — S. 71
10. Jenseits der Grenze — S. 72
11. Jenseits der Schwelle — S. 73
12. Vater, Sohn und Heiliger Geist — S. 74
13. Was bleibt? — S. 75
14. Das Apostolische Glaubensbekenntnis — S. 76
15. Das Glaubensbekenntnis von Nizäa-Konstantinopel — S. 77
16. Abkürzungen der biblischen Bücher — S. 79
17. Autorenvita — S. 80

Ist denn nicht jede Seite
und jeder von Gott beglaubigte Ausspruch
im Alten und im Neuen Testament
eine genaue Richtlinie
für das menschliche Leben?

Aus: Die Benediktsregel. Köln 1980. S. 330

Jesus Christus ist und bleibt derselbe.
Wie er gestern war, so ist er auch heute,
und so wird er für immer und ewig bleiben.

Heb. 13,8

VORWORT

Mit dreißig Jahren habe ich die „beste Entscheidung meines Lebens" getroffen und mich Jesus Christus anvertraut. Dieses Fundament wurde mir immer wieder zu einer tragenden und bewahrenden Kraft. Der Inhalt des Buches soll Zweiflern, Suchenden und Fragenden weiterhelfen, Jesus Christus kennen zu lernen. Diese Lektüre ist kein Lehrbuch, und doch voller Wahrheit; kein trockener Stoff, sondern lebendige Schilderung der Person Jesu in seiner Geburt, in seinem Leben, Sterben, seiner Auferstehung und seiner Himmelfahrt. Gottes Heiliger Geist hilft auch heute noch, Glauben zu wagen und Jesus zu erfahren.

Der Verfasser

1.

WEIHNACHTEN

Mitten in die Menschheitsgeschichte gibt Gott seinen Sohn Jesus Christus. Von den Propheten schon etliche Jahrhunderte vorher angekündigt. Von Geburt ein Jude. Sehnsüchtig erwartet von dem Volk Israel kam er in diese Welt und wurde doch nicht von seinem Volk erkannt.

Jesus Christus: Ein Erretter, ein Erlöser, von Gott gesandt als einziger Sohn, über alle menschliche Schwachheit hinaus war er ohne Sünde – eben Gottes Sohn. Wahrer Gott und wahrer Mensch. Als Jude unter Juden kam er zur Welt. *Er wird sein Volk von den Sünden befreien. (Matth. 1,21)*

Sein Erscheinen war mit keinem großen Spektakel verbunden. Unauffällig kam er. Am Rande Bethlehems wurde er geboren. Von Gott gewollt, vom Heiligen Geist gezeugt, eine Realität, die weit über menschliches Verstehen und Begreifen hinausgeht.

Durch Jesus Christus und den Heiligen Geist ist Gott den Menschen begreifbar und erfahrbar geworden. Gott ist den Menschen nahe gekommen. Er reicht die Hand denen, die ihn suchen und wird ihnen zu einem Vater, der es gut mit seinen Kindern meint. Durch Jesus Christus wird seine Liebe menschlich. Gott ist zu den Menschen gekommen.

Angefangen hatte es in der Nähe Bethlehems. In einem Stall, der für Rinder, Esel und Schafe gut genug war. Aber für den Sohn Gottes?

Von unseren menschlichen Lebensbedürfnissen her besehen ein elender Ort, einen Menschen zur Welt zu bringen, der als Gottes Sohn und König der Juden bekannt werden sollte.

Die ersten Menschen, die eine unmittelbare Reaktion auf dieses Ereignis erfuhren, gehörten nicht zur feinsten Gesellschaft. Es waren Hirten auf dem Felde.

Das Licht Gottes umleuchtete sie und in ihre Furcht hinein sprach der Engel des Herrn Worte des Trostes, der Ermutigung und der Hoffnung. Freude für alles Volk. *„Fürchtet euch nicht! Ich bringe euch die größte Freude für alle Menschen: Heute ist für euch in der Stadt, in der schon David geboren wurde, der lang ersehnte Retter zur Welt gekommen. Es ist Christus, der Herr!"* (Luk. 2,10.11)

Zweifel an der Botschaft des Engels? Nein, sie nahmen sie kritiklos entgegen. Sie machten sich auf den Weg. Nun wollten sie sehen, was sie gehört hatten. Sie handelten vorbehaltlos aus einem kindlichen Glauben heraus. Unvoreingenommen. Sie hörten, sie gingen, sie sahen. Zur Ehre Gottes verkündigten sie, was sie erlebt hatten. Maria, die Mutter Jesu, nahm all diese Worte in ihrem Herzen auf und bewegte sie innerlich. Was für ein Erleben!

Da bringt man unter Schmerzen in einem kalten und schmutzigen Stall ein Kind zur Welt. Die Mutter weiß, dass es der Sohn Gottes ist. Dann kommt eine zerlumpte, nach Schafen riechende Gesellschaft. Eine übernatürliche Erfahrung war vorausgegangen: Licht in der Nacht, Engel, und die Botschaft – der Herr ist gegenwärtig – Gott ist ganz nahe!

Die Hirten fanden Maria, Joseph und das Kind. Es lag in einer Krippe. Das, was sie auf dem Felde gehört hatten, sahen sie mit eigenen Augen. Ein Erretter war ihnen heute geboren worden. Christus der Herr, der Gesalbte, der König. Nicht nur die Hirten wurden Zeugen dieses Ereignisses. Drei weise Männer, Sternforscher, hatten vorher etwas entdeckt.

Einen großen leuchtenden Stern. Er kündigte ihnen die Ankunft eines neuen Königs an. Diesem Stern folgten sie. Er führte sie vom Morgenland nach Bethlehem. Ein Licht in der Finsternis. Das Licht des *neuen Königs*. Es brachte die Fremden in das Land der Juden.

Selbstverständlich gingen sie bei Herodes vorbei; denn er war der herrschende König. Er wusste nichts von der Geburt des *neuen Königs*. Doch er erschrak. Sein Bestreben war es von da an, das neugeborene Kind umzubringen. Ein Herz voller Neid und Eifersucht trieb ihn zu brutalen Kindermorden. Doch Herodes konnte damit das Licht, das in der Finsternis scheint, nicht besiegen.

Die Finsternis ist durch das Licht besiegt worden. Jesus Christus ist das Licht. Er, der Sohn Gottes, kann von sich sagen: *„Ich bin das Licht für die Welt."* *(Joh. 8,12)*

Das Licht, das durch Jesus Christus in die Welt gekommen ist, vertreibt die Dunkelheit und führt aus der Finsternis heraus. Das gilt für jeden, der diesem Licht nachfolgt.

Jesus Christus ist gekommen, das Verlorene zu suchen und zu retten. Er ist als eine lebendige Hoffnung in diese Welt gekommen. Feindliche Mächte können versuchen, diese Hoffnung zu zerstören. Der Satan verfolgt dieses Ziel. Er ist der Widersacher, der Feind Gottes. Doch er kann nur Leid und Verderben bringen.

Jesus Christus aber bringt Leben und Hoffnung. Er führt durch die Finsternis zum Licht. Er bringt zum Ziel, so wie Gottes Heiliger Geist durch übernatürliches Wirken die Hirten oder die *Weisen aus dem Morgenland* zum Ziel – zu Jesus gebracht hat.

Wer Jesus Christus aufnimmt, der nimmt Gott auf. Gott wird zum Vater. Der glaubende Mensch wird zum Kind. Geborgen durch Jesus Christus – Gottes Sohn. Er gibt die Kraft, die Probleme des Lebens zu überwinden. Die Liebe Gottes wird stärken und trösten auf allen Wegen. Gott ist ein guter Vater. Aus Liebe sucht er den einzelnen Menschen; denn jeder Mensch wurde von ihm erschaffen.

Durch Jesus Christus nun möchte er seine Liebe ganz persönlich mitteilen. Ja, da ist noch Hoffnung!

Gott allein weiß, unter welchen Umständen ein Mensch in diese Welt gekommen ist. Es könnte sein, dass er von Menschen nicht erwartet oder gewollt wurde. Doch Gott hat ihn von Anfang an gewollt. Ehe die Welt war, war er. Dass der Mensch im Leib seiner Mutter Gestalt annehmen konnte, hat Gott gewirkt und zugelassen. Auch wenn das Wirken Gottes und seine Pläne oftmals schwer zu verstehen sind, so ist es doch Gott, der alles in allem ist und der das letzte Wort spricht.

Herodes ließ aus ichbezogenen Gründen alle Kinder bis zu zwei Jahren in Bethlehem und Umgebung abschlachten, damit der *neue König* ihn nicht gefährden und vom Thron stoßen konnte. Heute werden viele Kinder oft schon im Mutterleib getötet. Wie viel Wert hat ein Menschenleben? In Gottes Augen ist es unbezahlbar. Alle Schätze der Welt reichen nicht aus, den Gegenwert für ein Menschenleben aufzubringen. Er gab sich persönlich dafür als Lösegeld, durch Jesus Christus, seinen einzigen Sohn.

Jesus kam als ein Menschenkind auf diese Erde. Er wurde in eine Familie hineingeboren. Das war Gottes Plan. Joseph nahm die *menschliche Vaterstelle* für Jesus ein und Maria war die von Gott auserwählte Mutter. Mit Jesus, dem Sohn Gottes, bildeten sie eine ganz menschliche Familie.

Mit einer Familie hatte Gott die Menschheitsgeschichte begonnen. Adam und Eva und ihre Söhne, Kain und Abel. Das Drama dieser Familie ist bekannt. Kain erschlug seinen Bruder Abel. Mit der Familie, in die Jesus hineingeboren wurde, begann ein neues Kapitel in der Menschheitsgeschichte.

Die Hirten und die Weisen aus dem Morgenland kamen, um den Sohn Gottes anzubeten. Für sie gab es keinen Zweifel, dass dieses Kind der von den Propheten über Jahrhunderte angekündigte Messias war, der König der Juden. Die Umstände dieser Geburt wurden von ihnen als das selbstverständliche Handeln eines weisen, umsichtigen und liebenden Gottes akzeptiert.

Der himmlische Vater kennt die Lebensumstände eines jeden Menschen. Deshalb muss er auch nicht angezweifelt oder hinterfragt werden. Er kennt jeden Atemzug seiner Geschöpfe und jedes Haar auf ihren Köpfen. Er kennt ihre frohen und leidvollen Stunden. Jeder kann so zu ihm kommen, wie er ist. Gottes Handeln ist von Geduld und Liebe geprägt. Er kennt die Antwort auf die ungelösten Fragen eines Menschenlebens. *Gott ist die Liebe, und wer in dieser Liebe bleibt, der bleibt in Gott und Gott in ihm. (1.Joh. 4,16)* Der leuchtende Stern in der Nacht. Der Engel des Herrn. Die himmlischen Heerscharen. Das Kind in der Krippe. Unübersehbare Zeichen Gottes. Zeichen, dass er real ist und gegenwärtig. Er ist mit dem Menschen. Wer kann gegen ihn sein?

So ist Gott immer wieder bestrebt, in das Leben des einzelnen Menschen hineinzureden oder hineinzuwirken. Er gibt Zeichen. Zeichen der Hoffnung und Hilfe. Er möchte seine Güte den Menschen mitteilen. Besonders durch seinen Sohn.

Kinder sind schwache Menschenwesen. Sie sind auf entscheidungsfähige Menschen angewiesen. Schon im Mutterleib sind sie davon abhängig, ob ein Ja oder ein Nein zu ihnen gesagt wird. Sie können sich nicht gegen ein Nein wehren.

Gott überlässt es der Entscheidungsgewalt der Mutter und des Vaters. Sie bestimmen über das Ja oder über das Nein zum Leben. Auch wenn der Entscheidungsdruck manchmal sehr groß für die Mutter und für den Vater sein kann. Am Ende hängt es von ihnen ab, ob ein Kind das Licht der Welt erblicken wird oder nicht.

Jeder Mensch ist ein von Gott gewollter Mensch. Er ist ein Geschöpf, das durch Gottes Kraft wächst und gedeiht. Und dennoch ist der ungeborene Mensch in die Hand anderer Menschen gegeben, die über seine Annahme oder Ablehnung befinden.

Natürlich kann es sehr viele Gründe für eine Ablehnung geben, doch unendlich mehr Gründe gibt es für eine Annahme. Für das Leben! Maria war voller Freude darüber, dass Jesus in ihr wachsen und werden durfte. Er nahm in ihr Gestalt an. Gott wuchs in ihr als Mensch.

In ihrer Freude darüber sang sie: *„Von ganzem Herzen preise ich den Herrn. Ich bin glücklich über Gott, meinen Retter." (Luk. 1,46.47)*

Ihr ganzes Sein war auf das werdende Leben eingestellt. Gott hatte sie zu dem Gefäß auserwählt, in dem das Leben lebendige Gestalt annehmen durfte. Jesus Christus ist das Leben. Er allein kann von sich sagen: *„Ich bin der Weg, ich bin die Wahrheit, und ich bin das Leben! Ohne mich kann niemand zum Vater kommen." (Joh. 14,6)*

Durch das Ja der Maria zu Gott wurde Jesus der Weg in diese Welt bereitet. Gott ist für das Leben. Jedes Ja für das Leben ist auch ein Ja für Gott. Gott ist das Leben.

Die Menschheitsgeschichte begann mit Adam und Eva. Eva ließ sich vom Satan in Gestalt der Schlange verführen. Die Einflüsterungen des Teufels hatten Erfolg bei ihr. Sie handelte gegen Gott, indem sie die verbotene Frucht vom Baum der Erkenntnis nahm. Gemeinsam aßen Adam und Eva von dieser Frucht und verloren dadurch das Paradies und damit die unmittelbare Nähe zu Gott.

Ihre beiden ersten Söhne nannten sie Kain und Abel. Kain wurde eifersüchtig und neidisch auf seinen Bruder Abel; denn Gott liebte das aufrichtige Opfer des jüngeren Bruders. Kain konnte das nicht ertragen und erschlug seinen Bruder Abel. Mit wie viel Leid begann doch die erste Familie der Menschheit.

Das verlorene Paradies und der erschlagene Bruder. In beiden Fällen erhob der Mensch sich gegen seinen Schöpfer. Dieses Leid zieht sich wie ein roter Faden mit all seinen Auswucherungen durch die gesamte Menschheitsgeschichte.

Aber mittendrin ist da eine andere Familie. In sie hinein hat Gott die Hoffnung der Welt gelegt. Wir treffen sie in dem Stall bei Bethlehem: Maria und Joseph und – Gottes Sohn – Jesus Christus.

Gott sagt damit zweierlei zu den Menschen: Er will Familie. Egal, unter welchen Lebensumständen Familie sich befindet. Gott ist für die Familie. Sie ist eine von ihm gewollte Lebensgemeinschaft. In ihr möchte er den ersten Platz einnehmen, damit er sie segnen und bewahren kann.

Da, wo Vater, Mutter und Kinder miteinander leben, da will Gott mitten unter ihnen sein. Als eine lebendige Wirklichkeit. Er will teilnehmen an den Bedürfnissen dieser Lebensgemeinschaft. Er will mit der Familie sein, als ihr Beistand und Helfer.

Gott wurde Mensch. Er kam in der Schwachheit eines Menschen in diese Welt, als ein neugeborenes Kind. Hilfs- und schutzbedürftig. Kaum vorstellbar. Und doch war es so. Jesus wurde in den Schutzraum einer Familie hineingeboren. Die Familie wurde der Ausgangspunkt seines menschlichen und göttlichen Wirkens. Über den Weg der Familie kam er zu den Menschen in die Welt.

Von hier aus begann sein Wirken in der Kraft des Heiligen Geistes.

Über das Kreuz hinaus ist es das Ziel des lebendigen Gottes, den einzelnen Menschen in eine enge Beziehung zu seinem Sohn zu führen.

Sie stellt die engste Beziehung dar, die über die Grenzen der Familie und des menschlichen Seins weit hinausgeht. Gott heilt Beziehungen und er schafft heile Beziehungen. Deshalb ist Jesus Christus die größte Chance für die Familie heute. Durch ihn ist nicht nur Hoffnung für die Familie da, sondern in ebenso starkem Maße auch für die christliche Gemeinde und für die gesamte staatliche Gemeinschaft.

Es liegt ein Geheimnis in der von Gott geführten Familie. Darum ist es eine große Hilfe für jeden, der sich Jesus Christus öffnet.

Jeder, der bereit ist, ihn persönlich an- und aufzunehmen, um ihn zum Lebensmittelpunkt seines Denkens und Handelns zu machen, wird Veränderung in seinem Leben erfahren. So wird der Mensch selbst zu einem lebendigen Hinweis auf Gott. Für seine Familienmitglieder und für die anderen Menschen in seiner Umgebung. Jesus Christus liebt die Familie. Er liebt die Menschen. Er will sie heilen und stärken. Von Adam und Eva ist es kein weiter Weg bis zu Maria und Joseph.

Adam und Eva erhoben sich gegen Gott und die Folge waren Leid und Hoffnungslosigkeit; denn die unmittelbare Nähe Gottes ging ihnen verloren. Maria und Joseph waren für Gott. Deshalb konnte Gott Mensch werden in ihrer Mitte. Gott war gegenwärtig. Da waren Hoffnung, Freude und Dankbarkeit.

So möchte sich Gott durch die Kraft des Heiligen Geistes auch im persönlichen Menschen- und Familienleben verwirklichen. Doch der Mensch ganz allein muss den Anfang machen. Johannes der Täufer sagte: *„Ich taufe euch mit Wasser, aber er (Jesus Christus) wird euch mit dem Heiligen Geist taufen."* *(Mark. 1,8)* Durch Jesus ist Hoffnung und Kraft zur Nachfolge in diese Welt gekommen.

Es gelingt nur, diese Hoffnung und Kraft in einem kindlichen Vertrauen anzunehmen und zu glauben. So ist sie erfahrbar. Durch Jesus Christus ist mehr als nur heile Familie möglich geworden.

Es gibt viele Menschen, die niemals in ihrem Leben das Vorrecht hatten, in einer Familie zu leben. Es war ihnen immer versagt geblieben, in der Geborgenheit einer solchen Lebensgemeinschaft zu wohnen und glücklich zu sein. Oder sie haben erfahren, dass Familie auseinander brechen kann. Durch Leid, das von Menschen selbst verschuldet worden ist.

Da kam eine neue Frau in das Leben des Vaters, oder ein neuer Mann in das Leben der Mutter. Hinzu kamen Alkohol, Streit und Arbeitslosigkeit; Schulden, Lieblosigkeit und Hass; unglückliche Kinder und immer wieder die Angst vor der Zukunft. Gerade in diesen Lebensumständen gilt auch der Ruf: Da ist Hoffnung – Jesus Christus lebt! Als Jesus in einem überfüllten Haus redete, kamen seine Mutter und seine Brüder und wollten mit ihm reden.

Doch er fragte: „Wer ist meine Mutter? Wer sind meine Brüder?" Dann zeigte er auf seine Jünger: „Seht diese Männer dort, sie sind meine Mutter und meine Brüder. Denn jeder, der meinem Vater im Himmel gehorcht, der ist mein Bruder, meine Schwester und meine Mutter." (Matth. 12,48-50)

Hier ist das zweite zu erkennen, das Gott schenken will. Es ist das noch Wichtigere, das Entscheidende.

Gott will alle Gläubigen in einer Familie aufnehmen, die weit über den üblichen Familienrahmen hinausgeht. Es ist eine Familie, deren Mitglieder auf der ganzen Welt anzutreffen sind: In christlichen Gemeinden, Kirchen, Hauskreisen und Gemeinschaften. Menschen aus allen Nationen, in allen Hautfarben und aus allen sozialen Schichten. Woran sind sie zu erkennen?

Jesus sagt dazu unmissverständlich, dass es Menschen sind, die den Willen des Vaters im Himmel tun. Sie gehören ihm, dem Sohn Gottes, und sie wollen ihm gehören. Darum folgen sie ihm nach. Der himmlische Vater, der Himmel und Erde geschaffen hat, ist ihnen durch Jesus Christus und durch den Heiligen Geist zu einem persönlichen Vater geworden. Durch den Heiligen Geist, den Jesus seinen Nachfolgern vom Vater senden wird, erhalten sie Kraft, Beistand und Trost. Mit seiner Hilfe überwinden sie die Probleme des Alltags; denn er lehrt und führt sie in alle Wahrheit. *(s. a. Joh. 14,15-26)*

Nachfolger Christi haben nicht weniger Probleme als andere Menschen. Doch in diesen Problemen erfahren sie, dass Gott mit ihnen ist. Ein Gott, der sie liebt und der für sie sorgt, und der sie besonders in den schweren Stunden ihres Lebens durch das Tal hindurch trägt. Es gibt nichts in einem Menschenleben, das Gott nicht mit seiner Vergebung und seinem Beistand auffangen kann. Er will sich in seiner Barmherzigkeit und Liebe dem Menschen offenbaren – wenn es der Mensch denn will. Solange der Mensch atmet, denkt und Entscheidungen treffen kann, hat er durch Jesus Christus eine offene Tür zum himmlischen Vater.

Manch einer mag denken: *„Wie kann das für mich persönlich überhaupt möglich sein? So, wie ich bin, kann ich nicht zu Gott kommen. Da steht zu viel dazwischen. All das, was schon geschehen ist. Da wird Gott mich nicht annehmen können. Das geht nicht. Das ist unmöglich. Einen solchen Menschen wie mich!"*

2.

KARFREITAG

Zwischen dem Stall in Bethlehem und dem Kreuz auf Golgatha lagen etwa dreiunddreißig Jahre. Das öffentliche Auftreten Jesu fand überwiegend zwischen seinem dreißigsten und dreiunddreißigsten Lebensjahr statt. Bevor Jesus in der Kraft des Heiligen Geistes zu wirken begann, fastete er vierzig Tage und Nächte. Anschließend drang der Versucher, der Teufel, als der Herrscher dieser Welt, auf ihn ein. Die sata-nische Versuchung, die auch ein Menschenleben angreifen kann, sollte Jesus vom Weg des Lebens abhalten.

Jesus Christus weiß, was es bedeutet, wenn der Teufel mit den Angeboten dieser Welt ein Menschenleben zerstören will. Er hat es selbst durchlitten. Deshalb kann er mitempfinden, wenn ein Mensch unter furchtbarer Versuchung leidet. *„Herr, bewahre uns vor dem Bösen!"* Jesus Christus kann und will vor dem Bösen bewahren. Der Mensch darf ihn anrufen, ihn bitten in der Not. Gott überhört kein Gebet.

Jesus Christus widerstand jeder Versuchung. Er blieb ohne Sünde. Der Sohn Gottes blieb rein und heilig um der Menschen willen, um die Sünde der Welt auf sich nehmen zu können.

Das Leiden blieb Jesus nicht erspart. Nicht die Verachtung. Nicht die Verspottung. Nicht die Folter. Nicht die furchtbaren, grausamen Schmerzen durch die Kreuzigung. Er litt unbeschreiblich viel für die Sünde der Welt. Selbst in seiner schwersten Stunde war es der Mensch, dem seine ganze Sorge galt: *„Vater, vergib ihnen, denn sie wissen nicht, was sie tun!" (Luk. 23,34)*

Er versteht die tiefsten Nöte eines menschlichen Lebens. Jede Empfindung von Leid, Trennung und Lieblosigkeit. Jede Verfolgung und Grausamkeit. Jede Verachtung und Erniedrigung. Er kann hinabsteigen in die tiefsten Tiefen eines menschlichen Wesens und mitleiden. Nichts ist ihm verborgen. Jesus Christus versteht. Er will helfen. Er hat die Macht und die Kraft, aus dem Gefängnis seelischer und menschlicher Gebundenheiten zu befreien.

Im Neuen Testament ist nachzulesen, dass selbst Johannes der Täufer zu einem bestimmten Zeitpunkt unsicher darüber wurde, ob Jesus wirklich der verheißene Messias sei. Doch Jesus lässt ihm sagen: *„Blinde sehen, Gelähmte gehen, Leprakranke werden geheilt, Taube hören, Tote werden wieder lebendig, und den Armen wird die frohe Botschaft verkündet. Sagt ihm außerdem: Glücklich ist jeder, der nicht an mir zweifelt." (Matth. 11,5.6)*

Auch heute noch zweifeln viele daran, dass Jesus wirklich der Sohn Gottes sei. Doch sie sollen ermutigt sein, Glauben zu wagen. Gott ist erfahrbar, auch heute noch.

Gott erhört Gebet, und er gibt Antwort auf Fragen des Lebens. Vielleicht nicht immer so, wie man es sich menschlich vorgestellt hat. Doch eine Antwort bleibt nie aus. Die Frage ist nur, kann der Mensch Gottes Antwort immer annehmen?

Der Hohepriester als geistliche Autorität im damaligen Israel bedrängte den gefangen genommenen Jesus: *„Ich nehme dich vor dem lebendigen Gott unter Eid: Sage uns, bist du Christus, der Sohn Gottes?" „Ja", antwortete Jesus, „und von nun an werdet ihr den Menschensohn an der rechten Seite Gottes sitzen und auf den Wolken des Himmels wiederkommen sehen."* (Matth. 26,63.64)

Auf diese Antwort hin forderte die von den religiösen Führern aufgehetzte Menge für den *Sohn Gottes* den Tod am Kreuz. Alle Wunder, die Jesus bis dahin als Zeichen eines lebendigen Gottes vollbracht hatte, schienen plötzlich bedeutungslos.

Wie würde der Mensch denn damit umgehen, wenn der Sohn Gottes heute wiederkommen würde? Sichtbar! Heute im einundzwanzigsten Jahrhundert. Könnte man das ertragen? Würde dann der gleiche Ruf erschallen: *„Ans Kreuz mit ihm!"*

Ein solcher Mann gehört ans Kreuz! Tod dem Sohn Gottes! Einen solchen König wollen wir nicht! Unter Umständen wird er uns tatsächlich gefährlich; denn er hat ja selbst gesagt, dass er wiederkommen und Richter sein werde über die Lebenden und die Toten.

Ein solcher Mann muss weg. Da reicht es nicht aus, dass man ihn lächerlich macht oder ihn verniedlicht. Einen solchen Mann muss man ganz mundtot machen. Ja, das Kreuz ist gerade richtig. Die schändlichste aller Strafen. Das wird ausreichen. So werden wir ihn los. Pontius Pilatus, der Statthalter des römischen Kaisers Tiberius in Judäa, wollte Jesus nicht kreuzigen lassen. Einen von zweien hätte er begnadigen können: Jesus oder Barabbas.

Doch die Hohenpriester und Ältesten wiegelten das Volk auf und als Pilatus fragte: *„Wen von den beiden soll ich freilassen?", schrie die Menge: „Barabbas!" „Und was soll ich mit Jesus, eurem Messias, anfangen?" Da kam wie aus einem Munde die Antwort: „Ans Kreuz mit ihm!" „Was für ein Verbrechen hat er denn begangen?", fragte Pilatus. Doch ununterbrochen schrie die Menge: „Ans Kreuz mit ihm!" (Matth. 27,21-23)*

Daraufhin wusch Pilatus für alle sichtbar seine Hände in einer Schüssel mit Wasser und sagte: *„Ich bin für das Blut dieses Unschuldigen nicht verantwortlich. Die Verantwortung dafür tragt ihr!" Die Menge schrie zurück: „Ja, wir und unsere Kinder, wir tragen die Folgen!" Da gab Pilatus ihnen Barabbas frei. (Matth. 27,24-26)*

Was für eine fatale Aussage. Über die Jahrhunderte hinweg wurden die Juden verfolgt, grausam gefoltert, ermordet, bis hin zur Shoa, in der das jüdische Volk von den Nationalsozialisten ausgerottet werden sollte.

Und bis heute haben sie es nicht begriffen, dass der Sohn Gottes von ihnen gekreuzigt wurde. Sie warten immer noch auf den Messias. Doch eines Tages wird Gott die Decke von ihren Augen wegnehmen und sie werden alle den Gekreuzigten erkennen. Gott selbst wird den Sieg über sein Volk vor aller Welt proklamieren. *Er wird den Tod für immer und ewig vernichten. Der Herr, der allmächtige Gott, wird die Tränen von jedem Gesicht abwischen. Er befreit sein Volk von der Schande, die es auf der ganzen Erde erlitten hat. (Jes. 25,8)*

Barabbas wurde freigegeben. Jesus peitschten sie den Rücken wund und ließen ihn sein Kreuz schleppen. Eine Dornenkrone pressten sie auf seinen Kopf. Dann wurde er gekreuzigt. Er wurde verhöhnt und verspottet. Auch dann noch, als er schon am Kreuz hing. Mit ihm wurden zwei Mörder gekreuzigt. Einer rechts und einer links von ihm. Mit beißendem Spott fragte der eine Verbrecher: *„Bist du nun der Messias? Dann beweise es! Hilf dir selbst und uns!" (Luk. 23,39)* Doch der andere Übeltäter, der ebenfalls gekreuzigt dem Tode entgegensah, wies ihn zurecht: *„Fürchtest du Gott nicht einmal jetzt, kurz vor dem Tod? Wir hängen hier zu Recht. Wir haben den Tod verdient. Der hier aber ist unschuldig; er hat nichts Böses getan."* Zu Jesus sagte er: *„Herr, denke an mich, wenn du in dein Königreich kommst!"* Da antwortete ihm Jesus: *„Ich versichere dir: Noch heute wirst du mit mir im Paradies sein!" (Luk. 23,40-43)*

Dieser Verbrecher war keiner Institution mehr verpflichtet. Der Tod war ihm gewiss. Menschlich besehen gab es für ihn nichts mehr zu hoffen. Und dennoch: Jesus war in seiner Nähe. Da war Hoffnung! Und diese Hoffnung ist auch heute noch aktuell. Weder Handlungen noch Worte reichen aus, Erlösung zu verdienen.

Die Gnade der Erlösung kann umsonst und unmittelbar ein Menschenleben erreichen. Gott will aber gebeten sein. Der Bitte folgt das Geschenk der Gnade, wie bei dem Verbrecher am Kreuz. Es liegt in der Hand eines jeden entscheidungsfähigen Menschen, den Sohn Gottes zu verspotten, über ihn zu lästern – oder ihn zu bitten.

Solange der Mensch noch atmen, denken und fühlen kann, ist es nicht zu spät, Gott um Gnade und Barmherzigkeit, um Vergebung zu bitten. Durch Jesus Christus, seinen Sohn, will er Schuld vergeben. Alle Schuld! Egal, was in der Vergangenheit angesammelt worden ist. Egal, wie die gegenwärtige, aktuelle Schuld ein Leben belastet.

Jesus war am Kreuz, um die Sünde der Welt auf sich zu nehmen und den Weg zum Vater dadurch frei zu machen. Jesus ist der Anfang und das Ende. Er sendet dem gläubig gewordenen Menschen den Heiligen Geist vom Vater. In dem Sohn Gottes ist der Mensch geborgen, jetzt und morgen und bis in alle Ewigkeit. Der Mensch darf daran glauben. Der Glaube ist eine Gnade. So wird man durch den Glauben gerecht vor Gott.

Nicht durch die guten Werke, sondern allein durch Gnade und durch den Glauben an den Sohn Gottes. Er hat die Schuld bezahlt. Durch das Blut, das auf dem Hügel Golgatha am Kreuzesstamm herunter floss. Der Mensch kann sich entscheiden für Jesus Christus. Das ist nur im diesseitigen Leben möglich.

Schon eine Sekunde nach dem Tod wäre es zu spät. Mit dem Tod ist die Gelegenheit der freien und bewussten Willensentscheidung für den Sohn Gottes vertan. Darum ist diese Entscheidung so wichtig. Die Freiheit der Entscheidung legt Gott in des Menschen Hand, in sein Leben. Er wartet auf das *Ja* für seinen Sohn. Das bewirkt Freiheit und Leben in Ewigkeit.

Kurz bevor Jesus starb, rief er aus: *„Es ist vollbracht!" (Joh. 19,30)* Was ist durch ihn vollbracht worden? Die Schuld dieser Welt hat der Unschuldige auf sich genommen für alle Menschen. Deshalb musste Jesus am Kreuz sterben.

In dem Propheten Jesaja, der einige hundert Jahre vor Jesu Kreuzigung lebte, steht geschrieben: *Dabei war es unsere Krankheit, die er auf sich nahm; er erlitt die Schmerzen, die wir hätten ertragen müssen. Wir aber dachten, diese Leiden seien Gottes gerechte Strafe für ihn. Wir glaubten, dass Gott ihn schlug und leiden ließ, weil er es verdient hatte. Doch er wurde blutig geschlagen, weil wir Gott die Treue gebrochen hatten; wegen unserer Sünden wurde er durchbohrt. Er wurde bestraft – und wir? Wir haben nun Frieden mit Gott! Durch seine Wunden sind wir geheilt. Wir alle irrten umher wie Schafe, die sich verlaufen haben; jeder ging seinen eigenen Weg. Der Herr aber lud alle unsere Schuld auf ihn. (Jes. 53,4.5)* Durch Jesus Christus ist alle Hoffnung gegeben: Vergebung der Schuld und Sünde, und Heilung der Seele und des Leibes.

In Jesus Christus ist keine Verdammnis. Das ist sein Angebot. Nirgendwo gibt es mehr. Über die Erfahrbarkeit der Macht Gottes hinaus wächst das Verständnis über den, den wir nicht sehen und doch erfahren können. Für die Fragen, *"Warum bin ich eigentlich auf dieser Welt? Woher komme ich, und wohin gehe ich?"*, gibt es Antworten, kommt Licht in die diffusen Vorstellungen, mit denen sich Menschen herumplagen können. Das Leben wird ein Ziel und einen Sinn bekommen. Eine Orientierung, die sich in einem Vater-Kind-Verhältnis manifestiert.

Man kann Gott persönlich durch Jesus Christus in sein Leben aufnehmen. *Die ihn aber aufnahmen und an ihn glaubten, denen gab er das Recht, Gottes Kinder zu sein. (Joh. 1,12)*

Der Mensch lebt nicht mehr vergeblich oder sich selbst. Jesus wird zum Ziel. Er wird zur Orientierung für das Diesseits und für das Jenseits. Und Gott wird den Menschen begleiten, wird mit ihm sein, und er wird Gottes Kind sein.

Es mag widersprüchlich klingen, dass Jesus für diese Möglichkeit am Kreuz bluten und sterben musste. Aber ohne dieses von Gott gegebene Opfer wäre Vergebung der Sünde nicht möglich. Gott hat dafür bezahlt. Weil der Mensch sich selbst nicht freikaufen kann, musste Gott einen Weg schaffen, auf dem er frei und ohne Schuld vor das Angesicht Gottes treten kann.

Darum musste ein Opfer ohne Sünde und Schuld gebracht werden: *JESUS!* Nur auf ihn konnte die Sünde der Welt gelegt werden. Dafür starb er. *„Denn Gott hat die Menschen so sehr geliebt, dass er seinen einzigen Sohn für sie hergab. Jeder, der an ihn glaubt, wird nicht verloren gehen, sondern das ewige Leben haben." (Joh. 3,16)* Durch Jesus Christus wird es möglich sein, dass der Plan Gottes in einem Menschenleben wirksam wird. Selbst, wenn dieses Leben kurz vor seinem Ende steht. Der Plan Gottes hat ein Ziel: Die Rettung des Menschen vor ewiger Trennung von Gott. Dieser Rettungsplan hat in jedem Lebensalter seine Gültigkeit und ist von Gottes Seite her jederzeit umsetzbar. Solange ein Mensch atmet, denkt, fühlt und ein Herz in seiner Brust schlägt, kann er sein Leben Jesus Christus anvertrauen.

Es mag sein, dass es Menschen gibt, die sagen: Ich kann nicht so glauben. Jesus? Nein, dieser Jesus ist für mich genauso ein Mensch wie jeder andere gewesen. Sicher, wenn er mir persönlich erscheinen oder begegnen würde, dann könnte ich vielleicht glauben. Aber heute? Eine persönliche Gottesbegegnung im einundzwanzigsten Jahrhundert? Das wäre eine Überforderung. Wie soll das zugehen?

Thomas hatte als Jünger Jesu seinen Herrn drei Jahre lang begleitet. Jesu Worte und die vielen durch ihn gewirkten Wunder hatten offensichtlich nicht ausgereicht, dass er an die Auferstehung seines Meisters von den Toten glauben konnte.

Deshalb sagte er: *"Das glaube ich erst, wenn ich seine durchbohrten Hände gesehen habe. Mit meinen Fingern will ich sie fühlen, und meine Hand will ich in die Wunde an seiner Seite legen. Eher werde ich es nicht glauben."* (Joh. 20,25)

Acht Tage später erscheint Jesus ihm und den anderen Jüngern. Er forderte Thomas auf: *"Lege deinen Finger auf meine durchbohrten Hände! Gib mir deine Hand und lege sie in die Wunde an meiner Seite! Zweifle nicht länger, sondern glaube!"* Thomas antwortete nur: *"Mein Herr und mein Gott!"* Doch Jesus sagte zu ihm: *"Du glaubst, weil du mich gesehen hast. Wie glücklich können erst die sein, die nicht sehen und trotzdem glauben."* (Joh. 20, 27-29) Damit hatte Thomas seinen lebendigen Gottesbeweis. Er benötigte ihn. Obwohl er so lange als Jünger in Jesu Nähe war, konnte er doch nicht glauben, ohne diese sichtbare Erfahrung. Er benötigte in seinem Glaubenszweifel diese persönliche Begegnung mit Jesus.

Darin liegt Hoffnung für jeden Menschen. Manch einer hat vielleicht noch niemals persönlich an den lebendigen Gott geglaubt. Im Gegenteil. Vielleicht hat er über alles, was mit einem aktiven Glauben an Jesus Christus zu tun hatte, gelacht und gelästert.

Doch selbst diesen Menschen möchte Jesus persönlich begegnen, ihnen vergeben und einen offenen Blick für den lebendigen und auferstandenen Gott schenken.

Jesus ergreift die ausgestreckte, Hilfe suchende und um Vergebung bittende Hand. Er ist nicht für Gerechte, sondern für Sünder in diese Welt gekommen, um sie zu retten.

Auf Golgatha hat er es vollbracht. Die Sünde der Welt liegt auf dem, der unschuldig am Kreuz sterben musste. Für jeden Menschen, der jemals diese Erde betreten hat oder betreten wird. Der Satan und seine Finsternismächte oder auch die geistliche Obrigkeit in Jerusalem wähnten sich am Ziel. Doch der Tod am Kreuz wurde zum Sieg.

Die Schuld, mit der wir zu Recht verurteilt worden wären, hat Gott auf seinen Sohn gelegt, damit der Mensch Frieden hat mit Gott und seinem Nächsten. Durch Jesus Christus und seinen Kreuzestod ist alles vollbracht. Vergebung der Schuld und Sünde und Heilung der Seele und des Leibes. Die Tür zum Vater im Himmel ist offen.

Durch Jesus allein ist es möglich, dass der Plan Gottes Realität in einem Menschenleben wird. Und dafür ist es niemals zu spät. Der entscheidungsfähige Mensch kann jetzt und heute, wenn Gott an ihn herantritt, sein Leben Jesus anvertrauen. Ein Neubeginn, der sein Leben entscheidend verändern wird.

Obwohl die Hohenpriester und Pharisäer glaubten, dass mit der Kreuzigung die Angelegenheit *Jesus Christus* erledigt sei, blieb dennoch ein Rest von Unsicherheit.

„Es ist vollbracht!" (Joh. 19,30), war ja der Ausruf des Gekreuzigten, als er am Kreuz verstarb. *Im selben Augenblick zerriss der Vorhang, der im Tempel das Allerheiligste abschloss, von oben bis unten. Die Erde bebte, und die Felsen zerbrachen. Gräber öffneten sich, und viele, die Gottes Willen getan hatten und schon gestorben waren, erwachten vom Tod und verließen ihre Gräber. Nach der Auferstehung Jesu gingen sie in die Stadt und erschienen vielen Leuten. Der Hauptmann und die Soldaten, die den gekreuzigten Jesus bewachten, erschraken sehr bei diesem Erdbeben und allem, was sich sonst noch ereignete. Sie sagten: „Dieser Mann ist wirklich Gottes Sohn gewesen!" (Matth. 27,51-54)*

Die Geschehnisse blieben den Hohenpriestern und Pharisäern nicht verborgen. Eigentlich wollten sie mit dem Kreuz einen Schlusspunkt setzen. Doch nun wurden sie in ihrer Selbstsicherheit schwankend. Sehr wohl erinnerten sie sich daran, dass Jesus gesagt hatte: *„Drei Tage nach meinem Tod werde ich wieder lebendig werden." (Matth. 27,63)*

Da musste man sich absichern. Die geistliche Führung ging sehr geschickt vor. So leicht ließen sie sich nicht hereinlegen. Von wegen Auferstehung. Womöglich steht uns da ein abgekartetes Spiel bevor, das von seinen Jüngern betrieben wird. Sie stehlen den Leichnam und behaupten dann einfach, Jesus wäre auferstanden.

Dem werden wir entgegenwirken! Der große Stein, der den Eingang des Grabes verschließt, wird versiegelt, und die Soldaten des Pilatus bewachen das Grab. Das wird ausreichen. Der Leichnam muss in der Grabkammer bleiben.

Welche Bemühungen unternimmt der Mensch, um die Auferstehung Jesu in das Reich der Fabel zu verdrängen? Mit welchen Argumenten sichert er sich ab? Es wird schwer fallen, nicht zu glauben; denn Gott will jedem Menschen begegnen. Er möchte, dass alle Menschen gerettet werden. Der Glaube an Jesus Christus als Erlöser und Auferstandener rettet. Er macht den Weg zum Vater frei. Der Vater und der Sohn sind in untrennbarer Einheit verbunden.

„Denn weil der Vater den Sohn liebt, zeigt er ihm alles, was er selbst tut. Und er wird ihn noch viel größere Wunder tun lassen, so dass ihr staunen werdet. So wie der Vater Tote auferweckt und ihnen neues Leben gibt, so hat auch der Sohn die Macht dazu, neues Leben zu geben. Denn nicht der Vater spricht das Urteil über die Menschen, er hat das Richteramt vielmehr dem Sohn übertragen, damit alle den Sohn ehren, genauso wie den Vater. Wer aber Gottes Sohn nicht als Herrn anerkennen will, der verachtet auch die Herrschaft des Vaters, der ja den Sohn gesandt hat. Achtet deshalb genau darauf, was ich euch jetzt sage: Wer mein Wort hört und an den glaubt, der mich gesandt hat, der wird ewig leben. Ihn wird das Todesurteil Gottes nicht treffen,

denn er hat die Grenze vom Tod zum Leben schon überschritten." (Joh. 5,20-24)

Diese Worte haben jetzt und heute Gültigkeit für jeden Menschen. Es gibt ein Gebet, auf das Gott in jedem Falle antworten wird: *„Herr Jesus, wenn es dich wirklich gibt, wenn du lebst, dann begegne mir so, dass ich dich erkenne und an dich glauben kann!"* Es ist das Gebet des Zweiflers, des Kritikers, des Ungläubigen. Doch diese Menschen sind immer wieder Suchende und Fragende. Es gehört viel Mut und Überwindung zu einem solchen Gebet.

Wie soll man beten, wenn man nicht glaubt, wenn so viele Argumente entgegenstehen? Es kostet viel, sich durchzuringen. Doch da ist Hoffnung, selbst für den Zweifler und Kritiker. Wenn er umkehrt und fragt oder gar bittet, dann wird er Antwort bekommen.

Gott selbst wird durch seinen Sohn und durch das Wirken des Heiligen Geistes zur Antwort. Gott wird persönlich und geht auf ein Menschenleben ein. Es liegt dann in der Hand des Menschen, auf diese Antwort einzugehen oder sie abzulehnen.

Eine Ablehnung wird Gott zutiefst enttäuschen und traurig machen, denn der Schöpfer liebt sein Geschöpf und möchte eine persönliche Beziehung zu ihm haben. Das ist sein Anliegen. Dafür gab er Jesus, seinen einzigen Sohn.

Durch Jesus kommt der Mensch mit Gott in Ordnung. Der Sohn ist die Brücke zum Vater. *„Alle Menschen, die mir der Vater gibt, werden zu mir kommen, und keinen von ihnen werde ich zurückstoßen." (Joh. 6,37)* Doch der Mensch muss kommen. Er muss sich entscheiden. Diese Entscheidung kann ihm niemand abnehmen – auch nicht Gott. Für den Mörder, der mit Jesus gekreuzigt wurde, war diese Entscheidung im allerletzten Moment.

Jesus nahm ihn an. Noch im Sterben erhielt dieser Mann das Leben, das bis in alle Ewigkeit reicht. Die Worte Jesu, *„Heute wirst du mit mir im Paradies sein!" (Luk. 23,43)*, wurden für ihn Worte der Hoffnung und des Neubeginns. Der Übeltäter fand noch im Sterben das Leben. Er hatte die Gnade Gottes erbeten und sie wurde für ihn unmittelbar wirksam. Das Kreuz war nicht das Ende, sondern der Anfang.

Viele Menschen wurden durch das Kreuz Jesu total verunsichert. Voller Angst und Zweifel sahen sie in dem Sterben und dem Tod Jesu etwas Absolutes. Den Schlusspunkt: Mit dem Tod ist alles vorbei!

Zu der Zeit, als Jesus auf der Erde durch Zeichen und Wunder wirkte, war Petrus einer seiner eifrigsten Jünger. Nachdem Jesus gefangen genommen und vor den Hohen Rat geschleppt worden war, bestritt er vor anderen Menschen, jemals zu Jesus gehört zu haben.

Beim dritten Mal, als er als Jünger Jesu erkannt wurde, reagierte er besonders heftig: *Petrus begann, sich zu verfluchen. „Ich kenne diesen Menschen überhaupt nicht, von dem ihr da redet! Das kann ich beschwören!" Da krähte der Hahn zum zweiten Mal. In diesem Augenblick erinnerte sich Petrus, dass Jesus gesagt hatte: „Ehe der Hahn zweimal kräht, wirst du mich dreimal verleugnen." Und er fing an zu weinen. (Mark. 14,71.72)*

Petrus verleugnete seinen Herrn und Meister. Vielleicht fühlte er sich von Gott verlassen. Niemand konnte ihm mehr zur Seite stehen und helfen. Er versank in Hoffnungslosigkeit. Nein, zu dem Gottessohn wollte er sich nicht mehr bekennen. Er hatte Angst. Er fürchtete, selbst gefangen genommen und verurteilt zu werden. *„Nein, nein, diesen Jesus kenne ich nicht!"*

Und keiner rief ihm in diesen Augenblicken zu: „Petrus, Petrus! Jesus ist immer noch da. Er will mit dir sein in deiner Not und Verzweiflung. In deiner Angst vor den Menschen. Er will dich tragen und ertragen, für dich leiden und sterben. Er wird für dich auferstehen und leben, damit du Leben bekommst – bis in alle Ewigkeit. Für dich! Für dich!"

Unsere Logik ist nicht Gottes Logik. Seine Fürsorge, Liebe und Barmherzigkeit geht weit über das Kreuz hinaus. *Schon damals, als wir noch hilflos der Sünde ausgeliefert waren, ist Christus für uns gottlose Menschen gestorben.*

Selbst für einen Menschen würde kaum jemand von uns sterben, obwohl es das vielleicht geben mag. Gott aber hat uns seine große Liebe gerade dadurch bewiesen, dass Christus für uns starb, als wir noch Sünder waren. Wie viel weniger müssen wir einmal am Gerichtstag Gottes Zorn fürchten, nachdem wir jetzt durch den Opfertod Jesu von unserer Schuld freigesprochen sind. (Röm. 5,6-9)

3.

OSTERN

Ganz früh am Sonntagmorgen gingen die Frauen mit den Salben, die sie zubereitet hatten, zum Grab. Der Stein, mit dem man es verschlossen hatte, war zur Seite gerollt. Zögernd betraten sie die Grabhöhle. Sie war leer. Verwirrt überlegten sie, was sie jetzt tun sollten. Da traten zwei Männer in glänzend weißen Kleidern zu ihnen. Die Frauen erschraken und wagten nicht, die beiden anzusehen. „Warum sucht ihr den Lebenden bei den Toten?", wurden sie von den Männern gefragt. „Er ist nicht hier; er ist auferstanden!" (Luk. 24,1-6)

Jesus war nicht mehr bei den Toten zu finden. Die Menschen, die ihm einmal nahe standen und ihn am Ostermorgen dort suchten, erhielten eine andere Botschaft: *„Er ist auferstanden!"* Diese Botschaft dringt hinein in ihre Ängste und Zweifel. Die Grenze ist überwunden worden. Eine geradezu revolutionäre Botschaft. Sie fällt hinein in menschliches Denken und menschliche Erfahrung. Die Logik ihres Glaubens wird durchbrochen, obwohl sie das Wunderwirken Jesu miterlebt hatten.

Diese Botschaft wurde nicht erwartet. Sie fällt in unvorbereitete Herzen. Das Grab ist leer und bleibt leer. Jesus ist auferstanden. Er ist nicht mehr bei den

Toten zu finden. Die Engel des Herrn verkünden es unmissverständlich.

Freude und Furcht gewinnen Macht in den Herzen der Frauen. Gott ist ein lebendiger Gott. Jesus Christus lebt.

Der Tod konnte ihn nicht halten. Er hat den Tod überwunden. Für alle Menschen. Er starb für die Sünde der Welt, um das Leben zu gewinnen. *Das Leben hat den Tod überwunden! Tod, wo ist dein Sieg? Tod, wo bleibt nun dein Schrecken? (1. Kor. 15,55)*

Diese Botschaft wurde zuerst den Frauen mitgeteilt. Sie waren als erste am Grab. Die Sorge für den Toten, den sie am Ostermorgen salben wollten, wurde in ein freudiges Erschrecken und Erstaunen verwandelt. Kaum zu fassen. Jesus sollte nicht mehr tot sein? Er ist auferstanden?

Sicher, der Herr hatte selbst gesagt, bevor er Lazarus von den Toten auferweckte: *„Ich bin die Auferstehung, und ich bin das Leben. Wer an mich glaubt, der wird leben, selbst wenn er stirbt." (Joh. 11,25)* Doch wie viel Unglaube beherrschte noch ihre Herzen – auch dann noch, als die Botschaft so unmittelbar in ihre Ohren dringt: *Jesus lebt!*

Kann man das glauben? Ja, so ist es wohl. Solange Gott nicht ganz persönlich dem Menschen begegnet, fällt es so schwer, an den auferstandenen Jesus Christus zu glauben.

Trotz Leid und Tränen konnte die Brücke zu Gott nicht gefunden werden. Gott erschien alle Zeit so unerreichbar fern. Er war kein Gott, der dem Elenden eine gute Botschaft brachte, der ein zerbrochenes Herz heilen oder gar von den Mächten der Finsternis befreien konnte. Gott war immer nur ein großes Wort, aber niemals eine erfahrbare Größe.

Doch zu Ostern lautet die Botschaft ganz anders. Es geht nicht mehr um den fernen Gott, der so unerreichbar erscheint. Es geht um den auferstandenen Gott. Jesus Christus lebt! Er ist wirklich auferstanden! Er will den Menschen nahe sein an guten wie an schlechten Tagen. So, wie er seinen Jüngerinnen und Jüngern nach seiner Auferstehung ganz persönlich begegnete, so ist es ihm auch heute möglich, den Menschen in dieser Welt ganz persönlich in wunderbarer Weise zu begegnen. Ja, da ist Hoffnung. Jesus Christus lebt!

Die Soldaten, die das Grab bewachten, hatten die Auferstehung Jesu ganz nahe miterlebt. Sie wurden direkt von der Kraft getroffen, die in diesem Geschehen wirksam wurde: *Plötzlich fing die Erde an zu beben, und ein Engel Gottes kam vom Himmel herab, wälzte den Stein, der das Grab verschloss, beiseite und setzte sich darauf. Er leuchtete hell wie ein Blitz, und sein Gewand war weiß wie Schnee. Die Wachposten stürzten vor Schrecken zu Boden und blieben wie tot liegen. (Matth. 28,2-4)*

Auch heute noch geschieht es durch die Kraft Gottes, eben durch die gleiche Kraft, die die Auferstehung bewirkte, dass Menschen ergriffen werden und wie tot umfallen. Doch sie sind nicht tot. Der Heilige Geist wurde ihnen nur zur Kraft und zur Größe eines real erfahrbaren Gottes. Ein Gott, der lebt, in der Zeit und in der Ewigkeit.

Der Apostel Paulus war vom jüdischen Gesetz her ein „studierter Theologe". Bevor er zum Paulus wurde, hieß er Saulus. Sein einziges Bestreben war es, die Christen mit fanatischem Hass zu verfolgen, sie festzunehmen und sie ihrer Bestrafung zuzuführen. Die Verurteilung der Christen endete damals oft, wie bei dem Diakon Stephanus, mit dem Tod. *(s. a. Apg. 7,54-60)*

Saulus befand sich auf dem Weg nach Damaskus. *Kurz vor Damaskus umgab Saulus plötzlich ein blendendes Licht vom Himmel. Er stürzte zu Boden. Dabei hörte er eine Stimme: „Saul, Saul, warum verfolgst du mich?" „Wer bist du, Herr?", fragte Saulus. „Ich bin Jesus, den du verfolgst!", antwortete die Stimme. (Apg. 9,3-5)*

Durch dieses Ereignis wurde Saulus zum Paulus, ein überzeugter Christ. Aus dem Verfolger wurde selbst ein Verfolgter, aber auch eine Persönlichkeit, die durch Briefe an die Gemeinden und durch Missionsreisen das Christentum bis heute geprägt hat. Wie gingen die Soldaten am Grab Jesu mit dem „Auferstehungsereignis" um?

Nun, sie waren sicherlich tief beeindruckt. *Nachdem die Frauen das Grab verlassen hatten, liefen einige von der Wachmannschaft zu den Hohenpriestern in die Stadt und berichteten, was geschehen war. Diese berieten mit den Führern des Volkes, was sie nun tun sollten. Schließlich gaben sie den Soldaten Geld und befahlen ihnen: „Erzählt überall: In der Nacht, als wir schliefen, sind seine Jünger gekommen und haben den Toten gestohlen." Auch versprachen sie ihnen: „Wenn der Gouverneur dahinter kommt, werden wir dafür sorgen, dass euch nichts passiert." Die Soldaten nahmen das Geld und hielten sich an den Befehl. So hat sich diese Lüge weiter verbreitet und bis auf den heutigen Tag gehalten. (Matth. 28,11-15)*

Wie oft mag sich Gott dem Menschen schon durch die Kraft seines Heiligen Geistes offenbart haben? Wie oft mag der Mensch dabei die Liebe und Barmherzigkeit Gottes verspürt haben? Trotzdem kam es nicht zu der persönlichen Entscheidung, Jesus Christus nachzufolgen. Gott respektiert eine solche Entscheidung. Er lässt den Freiraum, die Freiheit, sich für oder gegen seinen Sohn zu entscheiden. Die Menschen, die das Grab bewachten und anschließend zu den Hohenpriestern gingen, entschieden sich für die „Gewaltigen". So kann sich auch der Mensch heute, trotz einer tiefgreifenden Gotteserfahrung, immer noch gegen die persönliche Nachfolge Jesu entscheiden. Gott zwingt niemanden, an ihn zu glauben.

Doch wenn der Mensch will, dass die Kraft und Gegenwart Gottes das Leben prägen und formen soll, wenn er will, dass er zu einer hoffnungsvollen Ermutigung für andere werde, dann möge er Jesus Christus nachfolgen und auf die Kraft des Heiligen Geistes vertrauen. So kann er zum Segen werden: Für seine Familie, für die Nachbarn, für die Menschen des Landes, in dem er lebt. Das Auferstehungsgeschehen und das Wirken des Heiligen Geistes sind zu Ostern nicht voneinander zu trennen. Beides gehört unmittelbar zusammen.

Nach der Auferstehung war es immer wieder erforderlich, dass Jesus seinen Jüngern persönlich erschien: Er ging mit ihnen gemeinsam einen Weg entlang. Er sprach mit ihnen und erklärte das Wort Gottes. Er aß und trank mit ihnen. Er zeigte ihnen seine Wundmale, und er stärkte sie, indem er sie anhauchte und sprach: *„Empfangt den Heiligen Geist!"* *(Joh. 20,22)*

Jesus Christus musste seine Jünger immer wieder persönlich zum Glauben ermutigen. Er tat dies in einer Vielfältigkeit und Umsicht, die dem Einzelnen einfach die Augen öffnen musste. Die Jünger wurden darüber froh. Ihre Herzen wurden ergriffen und sie verkündigten, dass ihr Herr auferstanden sei, dass er lebe. Zuerst erschien Jesus *der Maria aus Magdala, die er von sieben Dämonen befreit hatte. Sie lief zu den Jüngern, die um Jesus trauerten und weinten, und berichtete ihnen:„Jesus lebt!"* *(Mark. 16,9.10)*

Das war die *Frohe Botschaft*, die ihr Herz erfüllte. Dieses Ereignis musste sie einfach weitergeben. *„Ich habe ihn gesehen!" Aber sie glaubten ihr nicht. (Mark.16,11)*

Oftmals reicht es nicht aus, die Botschaft von anderen zu hören, dass der Herr auferstanden sei und lebe, dass er verschiedenen Menschen persönlich begegnet sei. Gott ist ein Gott, der jedem Menschen unmittelbar begegnen will. Mindestens zwei bis drei Mal in einem Menschenleben. Die Unmittelbarkeit einer Gottesbegegnung ist meist ein tiefgreifendes Erlebnis.

Zwei Jüngern, die auf dem Weg nach Emmaus waren, begegnete er ebenfalls persönlich. Er begleitete sie. Doch sie erkannten ihn zunächst nicht. Die Botschaft: *„Jesus ist auferstanden!"*, hatte sie schon vorher erreicht. Dieser Ruf war aber nicht in ihr Herz gedrungen. Doch *dann erklärte ihnen Jesus, was in der Heiligen Schrift über ihn gesagt wird – von den Büchern Mose angefangen bis zu den Propheten. (Luk. 24,27)*

Ist es nicht häufig auch in einem Menschenleben so, dass Jesus, obwohl er schon ganz nahe ist, Umwege mit dem Menschen gehen muss, damit er verstanden und erkannt wird? Oftmals bedarf es eines Zeichens, damit Erkenntnis das Herz erfüllt. Mit den Emmausjüngern blieb er auch am Abend zusammen. Er setzte sich mit ihnen an den Tisch, nahm das Brot, dankte, brach es und gab es ihnen.

Da plötzlich erkannten sie ihn. Doch er verschwand vor ihren Augen. (Luk. 24,31)

Diese Jünger gingen nach Jerusalem zurück, um zu berichten, was sie unterwegs erlebt hatten. Doch auch die anderen waren nicht ohne Erfahrungen mit dem auferstandenen Herrn geblieben.

Der Ruf, *„Der Herr ist auferstanden! Er ist tatsächlich auferstanden!" (Luk. 24,34),* war eine gute Botschaft, Glauben zu wagen.

Umso verwunderlicher war es, dass seine Jünger sich immer noch am Zweifel und Unglauben festhielten.

Jesus ist von großer Geduld, Barmherzigkeit und Güte. In dieser Weise offenbart er sich den Menschen. Es kommen aber auch Situationen, wo er eine deutliche Sprache im Leben seiner Jünger anwenden muss. Immer dann, wenn sie Unglauben statt Glauben wählen. Doch auch dann ist noch Hoffnung da. Als die elf Jünger zusammen beim Essen waren, erschien ihnen Jesus.

Er wies sie zurecht, weil sie in ihrem Unglauben und Starrsinn nicht einmal denen glauben wollten, die ihn nach seiner Auferstehung gesehen hatten. (Mark. 16,14)

Gott ist ein persönlicher Gott, und er ist am meisten über den Unglauben oder Kleinglauben derer betrübt, die zu ihm gehören und ihm nachfolgen wollen. Jesus will mit den Menschen sein, alle Tage und er müht sich, erkannt zu werden durch sein vielfältiges Wirken. Als Jesus den bösen Geist aus dem mondsüchtigen Knaben austrieb, fragten ihn seine Jünger: *„Weshalb konnten wir die Dämonen nicht austreiben?" „Weil ihr nicht wirklich glaubt.", antwortete Jesus. (Matth. 17,19.20)*

Zu dem Zeitpunkt, als Jesus von den Toten auferstand, war der Glaube seiner Jünger noch von Fragen, Zweifeln und Irritationen durchdrungen. Jesus wusste das. Deshalb begegnete er ihnen immer wieder persönlich, um ihren Glauben zu stärken. Noch war die Fülle des Heiligen Geistes vom himmlischen Vater nicht auf die Nachfolger seines Sohnes ausgegossen worden. Jesus kannte den Augenblick, in dem dies geschehen würde. Es soll nicht *durch die Macht eines Heeres und nicht durch menschliche Kraft gelingen: Nein, mein Geist wird es bewirken! (Sach 4,6)*, lässt Gott schon einige hundert Jahre vor Jesu Auferstehung den Juden durch seinen Propheten Sacharja verkünden.

Aus diesem Wissen heraus hat Jesus seine Jünger immer wieder zu seinen Lebzeiten auf Erden vorbereitet. Er versprach ihnen, dass Gott einen Helfer und Beistand schicken wird. Mit der Himmelfahrt Jesu ist der Sohn Gottes für die Menschen heute zwar nicht leiblich sichtbar, doch durch das Wirken des Heiligen Geistes ist er persönlich, unmittelbar und überall auf der Welt erfahrbar.

Die Wirksamkeit des Heiligen Geistes hat für Jesu Jünger damals wie heute eine absolute Gültigkeit. Wer Jesus nachfolgen will, wird Hilfe erfahren. Jesus sagt: *„Wenn ihr mich liebt, werdet ihr so leben, wie ich es euch gesagt habe. Dann werde ich den Vater bitten, dass er an meiner Stelle jemanden zu euch senden soll, der euch helfen wird und der euch nie verlässt. Dies ist der Geist der Wahrheit.*

Die Welt kann ihn nicht aufnehmen, denn sie ist blind für ihn und erkennt ihn deshalb nicht. Aber ihr kennt ihn, denn er lebt schon jetzt bei euch, und einmal wird er in euch sein. Nein, ich lasse euch nicht als Waisenkinder zurück. Ich komme wieder zu euch. Schon bald wird mich niemand mehr in dieser Welt sehen. Und weil ich lebe, werdet auch ihr leben." (Joh. 14,15-19)

Gott weiß um die Schwachheit der Menschen, seinem Sohn konsequent und bewusst nachzufolgen. Doch er möchte solche Menschen, die an seinen auferstandenen Sohn in jeder Lebenssituation glauben und die *Frohe Botschaft* an andere Menschen weitergeben. Deshalb braucht er solche, die ihm vertrauen. Er braucht das Individuum. Er braucht den einzelnen Menschen.

Natürlich ist dieser nicht besser als die ersten Jünger. Natürlich ist er mit Fehlern und Mängeln genauso behaftet wie jeder andere Mensch. Doch Gott will und kann verändern. Er will den Beistand senden. Seinen Geist – den Heiligen Geist. Jetzt, im einundzwanzigsten Jahrhundert. Heute! Der Heilige Geist wird helfen und beistehen, die *Frohe Botschaft* von Jesus Christus weiterzutragen: Es ist Hoffnung da. Jesus Christus lebt!

4.

HIMMELFAHRT

Bevor Jesus Christus durch die Kraft des Heiligen Geistes in den Himmel gehoben wurde, gibt er seinen Jüngern einen ganz direkten Befehl: *„Geht hinaus in die ganze Welt und verkündet allen Menschen die Heilsbotschaft. Denn wer da glaubt und sich taufen lässt, der wird gerettet werden. Wer aber nicht glaubt, der wird verurteilt werden." (Mark. 16,15.16)*

Jesus gibt denen, die an ihn glauben, einen unmissverständlichen Auftrag: *„Das Evangelium"* – *„Die Frohe Botschaft"* – in der ganzen Welt zu verkünden. Dieser Auftrag gilt all den Menschen, die Jesus Christus als Herrn und Retter angenommen haben und ihm nachfolgen, gleichgültig, an welchem Platz auf dieser Erde sie sich befinden. Da, wo sie gehen oder stehen, sollen sie durch ihr Leben in Wort und Tat weitersagen, dass es eine Hoffnung gibt, dass Jesus von den Toten auferstanden ist, dass er lebt. Für diese *Frohe Botschaft* ist keiner zu jung und keiner zu alt. Sie hatte nicht nur vor gut zweitausend Jahren ihre Gültigkeit. Sie gilt auch heute noch unverändert über alle Erdenzeiten hinweg. *Jesus Christus ist und bleibt derselbe. Wie er gestern war, so ist er auch heute, und so wird er für immer und ewig bleiben. (Heb. 13,8)*

Nun darf das, was der Mensch über und von Jesus Christus berichtet, nicht nur ein Lippenbekenntnis bleiben. Die Worte müssen am Leben des Einzelnen erkennbar, ablesbar sein. So beginnt nun die Veränderung des Menschen in erster Linie nicht bei den anderen, sondern sie wird am persönlichen Leben gemessen werden.

Die Vergebung der Sünden beginnt im eigenen Leben. Denn, wenn wir *unsere Sünden bereuen und sie bekennen, dann dürfen wir darauf vertrauen, dass Gott seine Zusage treu und gerecht erfüllt: Er wird unsere Sünden vergeben und uns von allem Bösen reinigen. Doch wenn wir behaupten, wir hätten gar nicht gesündigt, dann machen wir Gott zum Lügner und beweisen damit nur, dass wir Christus noch gar nicht kennen. (1.Joh. 1,9.10)*

Mit der Entscheidung, Jesus Christus nachzufolgen, verspricht Gott die Vergebung aller Sünden. Der Reinigungsvorgang von jeder Ungerechtigkeit wird sich allerdings als *lebenslanger Prozess* am Einzelnen vollziehen

Die innere Reinigung und Heilung wird durch die Kraft des Heiligen Geistes bewirkt. Doch über diesen Vorgang hinaus ist es Gott persönlich, der dem gläubigen Menschen durch diese Kraft Vollmacht im Namen Jesu zuweist. Jesus machte vor seiner Himmelfahrt keinen Hehl daraus, welche Kraftwirkungen an seinen Jüngern sichtbar werden sollten.

"In meinem Namen werden sie Dämonen austreiben und in neuen Sprachen reden. Gefährliche Schlangen und tödliches Gift werden ihnen nicht schaden. Den Kranken werden sie die Hände auflegen und sie heilen." (Mark. 16,17.18)

Der Vater eines fallsüchtigen Jungen suchte Hilfe bei Jesus. Seine Not war groß. Die Macht, die den Jungen beherrschte, bewirkte immer wieder, dass der Junge hinfiel und sich mit Schaum vor dem Mund auf dem Boden wälzte. Oft fiel er ins Wasser oder ins Feuer. Der Junge konnte nicht hören und sprechen. Der Vater war verzweifelt und kam zu Jesus. Trotzdem war er sich nicht ganz sicher, ob Jesus ihm überhaupt helfen könne. Deshalb sprach er zu Jesus: *"Hilf uns, wenn du kannst!" (Mark. 9,22)* Im tiefsten Grunde seines Herzens regierte noch der Unglaube. Er traute Jesus nicht wirklich zu, dass er ihn von seiner Not befreien könne. *"Wenn ich kann?", meinte Jesus verwundert. "Alles ist möglich, wenn du mir vertraust."* Verzweifelt bat ihn der Mann: *"Ich will dir ja vertrauen. Aber hilf doch, dass ich es kann!" (Mark. 9,23.24)*

Gott kennt den Unglauben und die Zweifel der Menschen. Er weiß darum, und es ist ihm immer wieder ein Anliegen, zum Glauben an seinen Sohn zu ermutigen.

Als Maria von dem Engel des Herrn erfuhr, dass der Sohn Gottes in ihrem Leib wachsen sollte, waren Zweifel in ihrem Herzen.

"Wie kann das geschehen?", fragte Maria den Engel. "Ich bin doch gar nicht verheiratet." Der Engel antwortete ihr: "Der Heilige Geist wird über dich kommen, und die Kraft Gottes wird sich an dir zeigen. Darum wird dieses Kind auch heilig sein und Sohn Gottes genannt werden." (Luk. 1,34.35)

Gott kann dem Menschen für viele Dinge des Lebens das Verständnis geben und die Antwort sein auf viele Fragen, die ihn bewegen.

Nur so wird es auch möglich sein, Gott für Ereignisse zu danken, die einem vielleicht nicht gefallen haben, die man sich nicht gewünscht hat. Der Mensch wird dabei erkennen: *Für Gott ist nichts unmöglich. (Luk. 1,37)*

Selbst in der Not oder im Zweifel kann der Friede Gottes ein menschliches Herz ergreifen und erfüllen. Maria sagte zu dem Engel. *"Ich will mich Gott ganz zur Verfügung stellen. Alles soll so geschehen, wie du es mir gesagt hast." Darauf verließ sie der Engel. (Luk. 1,38)*

Gott möchte, dass der Mensch sich in den Willen seines Wirkens begibt, damit er durch die Kraft des Heiligen Geistes den Lebensplan eines Menschen realisieren kann.

Nachdem Jesus Christus als der Auferstandene und Lebendige persönlich seinen Jüngern begegnet war, nahm der Glaube zu. Einige zweifelten aber immer noch.

Wodurch werden Zweifel stark? Ist Jesus vielleicht doch nicht der mächtige Gott, nur weil er in Schwachheit am Kreuz hing? Oder weil er nicht so ist, wie man ihn gern hätte? Kurz vor seiner Himmelfahrt ging Jesus abermals auf den Herzenszustand derer ein, die ihm nachfolgen wollten. *„Ich habe von Gott alle Macht im Himmel und auf der Erde erhalten."* (Matth. 28,18) Dieses rief er nicht nur seinen Jüngern zu, sondern er ruft es allen Menschen zu. Er ist der, dem alle Gewalt, alle Macht, sowohl im Himmel als auch auf Erden untertan sein muss.

Er will für die Menschen da sein, die ihm vertrauen, als Freund, Bruder und Vater. Er will Geborgenheit und Halt geben in den Stürmen des Lebens.

Er rechnet mit dem einzelnen Menschen. Den Missionsbefehl, den er seinen Jüngern gab, richtet er auch an die Gläubigen heute: *„Geht hinaus in die ganze Welt und ruft alle Menschen in meine Nachfolge! Tauft sie und führt sie hinein in die Gemeinschaft mit dem Vater, dem Sohn und dem Heiligen Geist! Lehrt sie, so zu leben, wie ich es euch aufgetragen habe. Ihr dürft sicher sein: Ich bin immer und überall bei euch, bis an das Ende dieser Welt."* (Matth. 28,19.20)

Diese Welt wird einmal vergehen mit all ihren Werken, und sie vergeht schon jetzt. In diesem Prozess ist der Mensch des Menschen Wolf. Wer kann es wagen, Gott anzuklagen?

Allein Gott wird durch Jesus Christus einmal Richter sein. Der Mensch wird schweigen müssen, weil er nichts aber auch gar nichts zu seiner Verteidigung wird vorbringen können. Nur das Blut Jesu ist der einzige Freispruch, den es vor dem Schöpfer Himmels und der Erde geben wird. *Leben wir aber im Licht Gottes, dann sind wir auch miteinander verbunden. Und das Blut, das sein Sohn Jesus Christus für uns vergossen hat, befreit uns von aller Schuld. (1.Joh. 1,7)*

Darin liegt Hoffnung und Liebe Gottes für jeden Menschen. Seine Liebe gilt jetzt und heute. Ein Mensch sollte sich dieser Liebe nicht entziehen. Zweifel und Unglaube werden weichen. Gott ist gut und er will immer wieder dem einzelnen Menschen in vielfältiger Weise begegnen. Sowohl in der Freude, als auch im Leid ist Gott nah und unmittelbar erfahrbar.

Ein Leben in der Nachfolge seines Sohnes ist ein Leben für Zeit und Ewigkeit. Eine Entscheidung für Jesus Christus ist die beste Entscheidung, die ein Mensch treffen kann. Was Mitmenschen auch immer darüber denken oder sagen mögen. Das Heil kommt vom Heiland, vom Retter Jesus Christus. Ihm allein gebührt die Ehre durch Glauben und Nachfolge.

Vor Jesu Himmelfahrt bewegte Petrus eine bestimmte Sorge, die er dem Auferstandenen äußerte. Es ging um Johannes, den Jesus lieb hatte.

Petrus fragte seinen Meister: *"Herr, was wird denn aus ihm?" Jesus erwiderte: "Was soll diese Frage? Wenn ich will, dass er so lange lebt, bis ich wiederkomme, was geht es dich an? Folge du mir nach!" (Joh. 21,21.22)*

Es geht um die Nachfolge Jesu. In diesem Punkt geht jeder seinen eigenen Lebensweg. Das Ziel nicht aus den Augen verlieren. Nach vorn schauen. Jesus Christus ist das Ziel! *Wer anfängt zu arbeiten und sich dann durch irgendetwas ablenken lässt, kann Gottes Auftrag nicht ausführen. (Luk. 9,62)*

Das Ziel zu erreichen, ist der hauptsächliche Lebenssinn. Angst, das Ziel zu verfehlen, muss nicht sein. Jesus Christus selbst ist durch den Heiligen Geist derjenige, der Glauben im Menschen bewirkt und bewahrt.

Er ist alle Tage dicht am Menschen und bereit, zu helfen und beizustehen. So schreibt Paulus an die Christen in Philippi: *Deshalb bin ich auch ganz sicher, dass Gott sein Werk, dass er bei euch durch den Glauben begonnen hat, zu Ende führen wird, bis zu dem Tag, an dem Jesus Christus wiederkommt. (Phil. 1,6)*

Gott wird durch Zeichen und Kraftwirkungen das Leben der Christen bestätigen und bekräftigen. Diese Zeichen werden *Frohe Botschaft* sein. Der Schöpfer benötigt das Bekenntnis und das Bemühen seiner Geschöpfe. Er braucht Arbeiter in der Ernte.

Deshalb ermutigt Jesus seine Jünger: *„Die Ernte ist groß, aber es gibt zu wenig Arbeiter, die sie einbringen. Deshalb bittet Gott, den Herrn der Ernte, dass er mehr Arbeiter aussendet, die seine Ernte einbringen." (Luk. 10,2)* Nach der Auferstehung ließ Jesus sich unter seinen Jüngern vierzig Tage lang sehen *und sprach mit ihnen über das Reich Gottes. (Apg. 1,3)*

Er öffnete ihnen nicht nur die Augen, sondern auch die Herzen. Er wusste, es fehlt meinen Nachfolgern noch an Kraft, deshalb befahl er ihnen: *„Verlasst Jerusalem nicht! Bleibt so lange hier, bis in Erfüllung gegangen ist, was euch der Vater durch mich versprochen hat. Johannes taufte mit Wasser; ihr aber werdet bald mit dem Heiligen Geist getauft werden." (Apg. 1,4.5)* Jesus kündigte ihnen ein neues, großes Ereignis an: *Die Taufe mit dem Heiligen Geist!*

Es ist viel, was die Jünger in diesen Tagen erlebten: Den gekreuzigten Herrn. Den auferstandenen Herrn. Und nun der Befehl Jesu, auf die Taufe mit dem Heiligen Geist zu warten. Wie soll man das alles verarbeiten? Wie soll man mit dieser Realität Gottes umgehen, die so unerwartet über die Jünger hereingebrochen war?

Nun soll Kraftlosigkeit durch Kraft ersetzt werden? Glaube soll nicht mehr wie eine Seifenblase zerplatzen? Nachfolge, die kraftlos war, soll nun durch Hoffnung, durch Gott selbst gestärkt werden?

In eigener Kraft wird man Jesus Christus wohl nicht nachfolgen können. Darum gilt wiederum sein Wort: *„Ich will euch jemanden senden, der euch zur Seite stehen und trösten wird, den Geist der Wahrheit. Er wird vom Vater kommen und mein Zeuge sein. Und auch ihr werdet meine Zeugen sein, denn ihr seid von Anfang an bei mir gewesen."* *(Joh. 15,26.27)* Gott wird die, die ihm nachfolgen, nicht allein lassen. Immer dann, wenn sich ein Mensch zu ihm hinwendet, wird Jesus Christus durch den Heiligen Geist zu einer lebendigen Realität im Leben dieses Menschen. Es ist ein Versprechen, das Jesus Christus selbst gegeben hat. Darf man Gott an ein Versprechen erinnern? Darf man ihn um den Helfer und Beistand vom Vater bitten? Oh ja! Er wird den Bittenden mit seinem Heiligen Geist erfüllen! Gott trägt Sorge für seine Kinder. Wenn schon hart-herzige, sündige Menschen ihren Kindern Gutes geben können, *dann wird doch der Vater im Himmel erst recht denen seinen Heiligen Geist geben, die ihn darum bitten. (Luk. 11,13)*

Genau dieses ist auch heute möglich. Man darf Gott bitten, und er wird uns in seiner Weisheit das geben, was uns hilft. Er steht zu seinem Versprechen. Seine Kraft ist unerschöpflich und im Schwachen mächtig. Sie wird unsichtbar in ein Menschenleben dringen und es verändern. Durch den Heiligen Geist wird Gott seinen Sohn in einem Menschenleben verherrlichen. Dadurch wird der Mensch zum Zeichen Gottes, zu einem lebendigen Zeugnis seiner Gnade.

Deshalb rief Jesus seinen Jüngern kurz vor seiner Himmelfahrt zu: *„Ihr werdet den Heiligen Geist empfangen und durch seine Kraft meine Zeugen sein in Jerusalem und Judäa, in Samarien und auf der ganzen Erde." Nachdem er das gesagt hatte, nahm Gott ihn zu sich. Eine Wolke verhüllte ihn vor ihren Augen, und sie sahen ihn nicht mehr. (Apg. 1,8.9)*

5.

PFINGSTEN

Die Jünger nahmen Jesu Befehl ernst, auf das Versprechen des Vaters zu warten. Sie versammelten sich in Jerusalem mit vielen anderen Nachfolgern Jesu. Etwa einhundertzwanzig Menschen. Auch Maria, die Mutter Jesu, und seine Brüder waren mit dabei. Sie blieben im Gebet beieinander. In diesen Tagen wählten sie den Apostel Matthias, so wie es Gottes Wort vorschrieb. Er nahm den Platz von Judas ein, der Jesus verraten und sich daraufhin erhängt hatte.

Zu Pfingsten, fünfzig Tage nach Ostern, waren wieder alle versammelt. *Plötzlich kam vom Himmel her ein Brausen wie von einem gewaltigen Sturm und erfüllte das ganze Haus, in dem sie sich versammelt hatten. Zugleich sahen sie etwas wie züngelndes Feuer, das sich auf jedem einzelnen von ihnen niederließ. So wurden sie alle mit dem Heiligen Geist erfüllt, und sie redeten in fremden Sprachen; denn der Geist hatte ihnen diese Fähigkeit gegeben. (Apg. 2,2-4)* Das war der Augenblick, in dem Gott ihnen die Kraft des Heiligen Geistes in einem vollen Maße schenkte und sie damit erfüllte. In Vollmacht began-nen sie zu predigen. Die vielen Menschen, die zu der Zeit in Jerusalem waren, verstanden sie. Ausländer gleichermaßen wie Einheimische.

Gott vollbrachte durch den Heiligen Geist ein großes Wunder an den Jüngern. Das Evangelium durchdrang die Zuhörer.

Immer mehr Menschen bekehrten sich zu Jesus Christus, wurden getauft und mit dem Heiligen Geist erfüllt.

Unter der *Pfingstpredigt* des Petrus waren es etwa dreitausend Menschen an einem Tag. *Diese ersten Christen ließen sich regelmäßig von den Aposteln unterrichten und lebten in brüderlicher Gemeinschaft, feierten das Abendmahl und beteten miteinander. (Apg. 2,42)*

Die erste Christengemeinde war in Jerusalem entstanden. Eine Herzensgemeinschaft, treu verbunden durch den gemeinsamen Glauben an Jesus Christus.

Sie bildete auch eine Gütergemeinschaft. Man teilte alles miteinander und half denen, die in Not waren. *Täglich kamen sie im Tempel zusammen und feierten in den Häusern das Abendmahl. In großer Freude und mit aufrichtigem Herzen trafen sie sich zu gemeinsamen Mahlzeiten. Sie lobten Gott und waren im ganzen Volk geachtet und anerkannt. Die Gemeinde wurde mit jedem Tag größer, weil Gott viele Menschen rettete. (Apg. 2,46.47)*

Heute steht die Gemeinde Jesu nicht mehr am Anfang der Christenheit, sondern nähert sich mit Riesenschritten der *Wiederkunft Jesu*.

Gott allein weiß Zeit und Stunde; *denn der Tag ist schon festgesetzt, an dem Gott alle Menschen richten wird; richten durch den einen Mann, den er selbst dazu bestimmt hat. Daran hat Gott keinen Zweifel gelassen, indem er ihn von den Toten auferweckte. (Apg. 17,31)*

Jesus Christus lebt, und er liebt den Sünder – aber nicht die Sünde. Er hält Ausschau nach den Verlorenen. Er sucht die Gemeinschaft, ohne sich aufzudrängen. Er möchte Erlöser, Retter, Herr, Vater und Freund sein. Jetzt und morgen und bis in alle Ewigkeit. Darum, *wenn ihr heute seine Stimme hört, dann verschließt eure Herzen nicht. (Heb. 3,15)* Der suchende Mensch findet immer eine offene Tür durch den Sohn Gottes zum himmlischen Vater.

Heute noch ist Gnadenzeit. Gott hat zu Pfingsten in mächtiger Weise seinen Heiligen Geist über alle Völker ausgegossen. Junge Menschen, Söhne und Töchter, werden im Namen Gottes weissagen. Die Alten werden Träume und die Jünglinge werden Visionen haben *(s. a. Joel 3,1-5)*. Dadurch wird der Gemeinde und dieser Welt gedient. Gott verherrlicht durch übernatürliches Wirken seinen Sohn Jesus Christus. Er wird alle Menschen retten, die den Namen seines Sohnes anrufen.

In der Nachfolge Jesu werden sich die *guten Früchte* des Heiligen Geistes in einem Menschenleben entwickeln.

Um sie ausleben zu können, sollte jeder überprüfen, was sein Leben bisher geprägt und bestimmt hat. Gott ist gegenwärtig. Er will und kann befreien und innere Heilung schenken.

Der Heilige Geist als Beistand hilft, den *selbstsüchtigen Wünschen* zu widerstehen. Der Mensch erfährt: Er ist niemals allein. Jesus Christus selbst streitet für ihn.

Die *guten Früchte* werden in der Bibel als *Liebe und Freude, Frieden und Geduld, Freundlichkeit, Güte und Treue, Besonnenheit und Selbstbeherrschung (Gal. 5,22)* beschrieben.

Sie stehen im Gegensatz zu *einem sittenlosen Leben, Unzucht und hemmungsloser Zügellosigkeit, zur Anbetung selbst gewählter Idole und zu abergläubischem Vertrauen auf übersinnliche Kräfte. Feindseligkeit, Streitsucht, unberechenbare Eifersucht, Intrigen, Uneinigkeit und Spaltungen bestimmen dann das Leben ebenso wie Neid, Trunksucht, üppige Gelage und ähnliche Dinge. (Gal. 5,19-21)*

Der Mensch in dieser Welt wird immer in diesem Spannungsfeld zwischen Gut und Böse stehen; denn noch beherrscht die Obrigkeit des Bösen das sichtbare und unsichtbare Geschehen auf diesem Erdenkreis.

Doch der an Jesus Christus gläubig gewordene Mensch wird lernen, gegen die Mächte der Finsternis zu kämpfen und zu siegen. Gott wird mit ihm sein und ihn in alle Wahrheit führen

Vor dem Menschen liegt das Leben hier auf Erden, das über die Grenze des Todes in die Ewigkeit einmündet. Wird der Mensch dann ewige Gemeinschaft mit Gott, dem Vater, dem Sohn und dem Heiligen Geist haben? Oder wird der Mensch ewig von Gott getrennt sein? Das ist Verdammnis!

Es liegt in der Hand einer jeden entscheidungsfähigen menschlichen Persönlichkeit, sich hier auf Erden für oder gegen Gott zu entscheiden. Er ist nur ein Gebet weit entfernt. Der Mensch kann sein Schicksal selbst bestimmen. Heute – mit einem Ja oder Nein für den Sohn Gottes!

6. GEBET DES SUCHENDEN MENSCHEN

Herr Jesus Christus! Wenn es dich wirklich gibt und du mir als mein Gott und Schöpfer begegnen willst, als ein Gott, der vergibt und rettet, dann komme jetzt mit deiner Liebe in mein Leben! Nimm es bitte in deine Hand.

Vergib mir, dass ich nie wirklich an dich geglaubt habe. Vergib mir bitte alle meine Schuld!

Die Bibel, als Wort Gottes verspricht,
dass du alle meine Schuld am Kreuz
auf dich genommen und vergeben hast,
die von gestern, die von heute
und die von morgen.
Dafür will ich dir danken!

Erfülle mich bitte mit deiner Gegenwart
durch den Heiligen Geist,
damit ich deinen Beistand,
deine Hilfe und deine Kraft
jeden Tag erfahren kann!
Danke, dass du mit mir sein willst,
jetzt in der Zeit und in der Ewigkeit!
Amen.

7. GOTT DER ALLMÄCHTIGE

Über die persönliche Vaterschaft hinaus
ist Gott der allmächtige Gott,
der alle Macht hat und der alles vermag.

Wer unter seinem Schatten bleibt,
der hat Zuversicht und Hoffnung; denn
Gottes Treue und Liebe ist jeden Morgen neu.

Dem Allmächtigen ist zu danken;
denn er ist der Gott, der da war,
der da ist und der da kommt.

Ich soll stark sein
in der Macht seiner Stärke.
Seine Kraft ist im Schwachen mächtig.

Ich glaube, dass Gott der Allmächtige
auch in meinem persönlichen Leben
mächtig und allmächtig ist.

Er hat dem Tode
die Macht genommen und
durch ihn werde ich leben.

8. JESUS LEBT NICHT IM HASS

Hass ist das Gegenteil von Liebe.
Er wirkt vernichtend.
Er macht dich krank und zerstört deine Seele.
Dabei ist es gleichgültig, gegen wen er sich richtet.
Ob gegen Menschen in deiner Nähe oder gegen
Menschen in der Ferne.

Der Hass will dich und deine Umgebung zerstören.
Er beginnt bei dir, und er versucht sich
wie ein Krebsgeschwür auszuweiten.

Hass ist unbarmherzig.
Er kennt keine Gnade, keine Liebe
und keine Vergebung.
Er will nur töten, vernichten, zerstören.

Der Hass richtet sich gegen die Liebe.
Da, wo du deinen Nächsten lieben willst,
versucht der Hass die Brücke zu zerschlagen.
Hass schafft Trennung. Der Teufel hasst Gott.
Der Teufel hasst dich, denn du bist
ein Geschöpf Gottes.

Gott liebt dich! Gib nicht auf; denn
Jesus Christus ist die Hoffnung!

9. MEIN HERR UND MEIN GOTT

Die Geschichte dieser Welt
findet ihren Mittelpunkt
in Jesus Christus!

Von Gott gekommen,
als fleischgewordenes Wort
wohnte er unter den Menschen.
Und er wird regieren
von Ewigkeit zu Ewigkeit.

Ihm hat Gott alles Gericht übergeben,
und allein der Glaube an den Gottessohn,
an die durch ihn gewirkte Gnade,
am Kreuz wurde sie vollbracht,
verwandelt den Schuldspruch Gottes
über den mit Sünde belasteten Menschen
in unbefleckte, schneeweiße Schuldlosigkeit.

Es ist eben Gnade und kein Verdienst,
dass ein anderer, nämlich Jesus Christus,
die Schuld auf sich genommen hat,
für die gerechte Strafe,
die für mich vorgesehen war.
Er ist mein Herr und mein Gott!

10. JENSEITS DER GRENZE

Jenseits der Grenze kommt das Leben ins Leben.
Jenseits der Grenze wird aus Tod nur Leben.
Die Zeit bleibt zurück
und Hoffnung und Zukunft
tragen über die Grenze.
Keine Tränen mehr und kein Schmerz.
Die Schatten bleiben zurück
und der Tod,
und die Freude ist mitten im Leben,
das nie vergeht.

11. JENSEITS DER SCHWELLE

Jenseits der Schwelle
hast du die Tür durchschritten,
bist du vom Tode zum Leben
hindurch gedrungen,
wirst du Freund und Kind genannt,
ist die Hoffnung lebendig
wie ein Wasser
aus nie versiegender Quelle,
kraftvoll und gewaltig,
ein Strom aus der Ewigkeit
in die Zeit,
die dich nicht mehr halten kann,
weil einer mit dir ist,
der dich hält,
alle Tage
und dich liebt
ohne Ende.

12. VATER, SOHN UND HEILIGER GEIST

Vater, Sohn und Heiliger Geist
gehören untrennbar zusammen.
Die Erschaffung der Erde und
alles, was auf ihr lebt,
jetzt und immer.

Das Kreuz Christi,
Jesu Leiden und Sterben,
sein Blut, das er für dich
und mich gegeben,
zur Vergebung
aller Schuld und Sünde,
als Brücke zum Vater,
bedingungslos durch das Ja
zum Kreuz,
ermöglicht die Rückkehr,
den Frieden mit Gott.

Ein Helfer und Tröster,
eine Kraft all denen,
die da glauben
an den Namen
des eingeborenen Sohnes,
empfangen aus Gnaden
den Geist aus der Höhe
mit der Gewissheit
zum ewigen Leben;
denn Jesus Christus lebt
zur Rechten des Vaters
im Himmel und auf Erden.

Er wird wiederkommen
in der Kraft
des Heiligen Geistes
für jeden sichtbar
als Richter und Retter!

13. WAS BLEIBT?

Gott ist die Liebe,
und wer in dieser Liebe bleibt,
der bleibt in Gott
und Gott in ihm.

(1.Joh.4,16)

Schaut man auf des Lebens Siege,
bleibt am Ende nur die Liebe,
die empfangen und verschenkt,
weder Herz noch Seele kränkt.

aus: Heinz Pahl, Der Reykafelsen.
Books on Demand 2016, S. 185.

14. DAS APOSTOLISCHE GLAUBENSBEKENNTNIS

Ich glaube an Gott,
den Vater, den Allmächtigen,
den Schöpfer des Himmels und der Erde.

Und an Jesus Christus,
seinen eingeborenen Sohn, unsern Herrn,
empfangen durch den Heiligen Geist,
geboren von der Jungfrau Maria,
gelitten unter Pontius Pilatus,
gekreuzigt, gestorben und begraben,
hinabgestiegen in das Reich des Todes,
am dritten Tage auferstanden von den Toten,
aufgefahren in den Himmel;
er sitzt zur Rechten Gottes,
des allmächtigen Vaters;
von dort wird er kommen,
zu richten die Lebenden und die Toten.

Ich glaube an den Heiligen Geist,
die heilige christliche Kirche,
Gemeinschaft der Heiligen,
Vergebung der Sünden,
Auferstehung der Toten
und das ewige Leben.
Amen.

Aus:
Evangelisches Gesangbuch.
Niedersachsen/Bremen. 1994.

15. DAS GLAUBENSBEKENNTNIS VON NIZÄA-KONSTANTINOPEL

Wir glauben an den einen Gott,
den Vater, den Allmächtigen,
der alles geschaffen hat,
Himmel und Erde,
die sichtbare und die unsichtbare Welt.

Und an den einen Herrn Jesus Christus,
Gottes eingeborenen Sohn,
aus dem Vater geboren vor aller Zeit:
Gott von Gott, Licht vom Licht,
wahrer Gott vom wahren Gott,
gezeugt, nicht geschaffen,
eines Wesens mit dem Vater;
durch ihn ist alles geschaffen.
Für uns Menschen und zu unserem Heil
ist er vom Himmel gekommen,
hat Fleisch angenommen
durch den Heiligen Geist
von der Jungfrau Maria
und ist Mensch geworden.
Er wurde für uns gekreuzigt unter Pontius Pilatus,
hat gelitten und ist begraben worden,
ist am dritten Tage auferstanden nach der Schrift
und aufgefahren in den Himmel.
Er sitzt zur Rechten des Vaters
und wird wiederkommen in Herrlichkeit,
zu richten die Lebenden und die Toten;
seiner Herrschaft wird kein Ende sein.

Wir glauben an den Heiligen Geist,
der Herr ist und lebendig macht,
der aus dem Vater und dem Sohn hervorgeht,
der mit dem Vater und dem Sohn
angebetet und verherrlicht wird,
der gesprochen hat durch die Propheten,
und die eine, heilige, allgemeine
und apostolische Kirche.
Wir bekennen die eine Taufe
zur Vergebung der Sünden.
Wir erwarten die Auferstehung der Toten
und das Leben der kommenden Welt.
Amen.

Aus:
Evangelisches Gesangbuch.
Niedersachsen/Bremen. 1994.

16. ABKÜRZUNGEN DER BIBLISCHEN BÜCHER

Jes. – Der Prophet Jesaja
Joel – Der Prophet Joel
Sach. – Der Prophet Sacharja
Matth. – Matthäus berichtet von Jesus
Mark. – Markus berichtet von Jesus
Luk. – Lukas berichtet von Jesus
Joh. – Johannes berichtet von Jesus
Apg. – Die Taten der Apostel
Röm. – Der Brief an die Christen in Rom
1. Kor. – Der erste Brief an die Korinther
Phil. – Der Brief an die Christen in Philippi
Heb. – Der Brief an die Hebräer
1. Joh. – Der erste Brief des Johannes

Anmerkung:
Es wäre gut, die in der Lektüre angegebenen Bibelstellen auch im Zusammenhang zu lesen.

17. AUTORENVITA

Heinz Pahl wurde 1946 in Rendsburg geboren. Nach Abschluss der Schule absolvierte er eine Maurerlehre. Als Soldat und Offizier blieb er danach acht Jahre bei der Bundeswehr. In dieser Zeit heiratete er und wohnte zunächst mit seiner Familie in München.

In Kiel studierte er Sonderpädagogik und arbeitete anschließend als Lehrer. Zwischenzeitlich zog er mit seiner Familie nach Dänemark, um hier zwei Jahre an den Vorlesungen auf dem Apostolic Bible College teilzunehmen. Heinz Pahl gehört zur dänischen Minderheit in Schleswig-Holstein und lebt heute in Niedersachsen.